노 상 일 기

노상일기

윤현순 시집

시인의 말

한 고비 한 고비 넘을 때마다
눈 맞춰주셔서 고맙습니다.
눈으로 가슴으로 전해지는 에너지가
오늘의 저를 피워냈습니다.
황금의 시대를 맞이하여
빛나는 우리들의 생애가
더욱 찬란하면 좋겠습니다.
10년의 세월은 길기도 하고 짧기도 합니다.
역사의 흐름과 변화 그리고
자신의 생활과 생각의 변화를 정리하는 마음입니다.
앞으로 얼마나 더 재미있는 일들이
벌어질지 흥미진진합니다.

2013년 11월
윤현순

차례

2부 노상일기

3부 돌아보기

4부 지당리 스케치

1부

아름다운 세상에서

눈물샘에서 퍼 올린 노래

목이 메어 노래를 부를 수가 없었습니다.

내 영혼의 샘터에는 항상 시가 가득해 아무 때나
툭툭 튀어나오려 해서 잠시 접고 있었습니다

비키니를 입고 해변에 섭니다
온몸 가득한 흉터가 드러납니다
그러나
한 번은 치러야 할 의식입니다

가을이 벌써 지나갑니다
다시 사랑하는 봄이 올 것인데
봄을 반기는 마음보다
머잖아 닥칠 겨울이 먼저 떠올라
주춤거리게 만듭니다

이렇게 고백을 하면서
내 눈은 또 퉁퉁 부어 문밖을 나설 수가 없겠지만
나만의 노래가 아닌 이 나라 민초들이
한 세대를 살아내면서 겪는 아픔이기에

부끄러운 마음 한 풀 접고 세상에 선을 보입니다

새로운 꿈이 피어날 세상!
이제는 아름다운 세상입니다.

아! 바람모퉁이

거들먹거리며 태평양을 건너온 느긋한 바람도
고비산맥을 넘어 대륙을 휩쓸던 황사바람도
변산을 오르기 전에 일단 숨을 멈추고 뒤를 돌아보는
바람모퉁이가 새만금을 끌어안고 무너지고 있다

산허리 잘리는 비명 감싸줄 파도소리도 이미 멈추었고
물들지 못하는 개펄에
눈치껏 자리 잡은 칠면초며 갈대 사이로
물새들이 빼꼼히 목을 내밀고 바라본다

지구가 몇 번 몸을 뒤척이는 동안 길은
무너져내린 산을 깔고 앉을 것이다
그 길을 따라 나는 바람모퉁이를 까맣게 잊어버리고
느긋한 마음으로 새만금을 찾아갈 것이다

2010년 7월 보름 기도하러 가는 길
무너지는 바람모퉁이를 바라보면서
변화하는 것이 꼭 슬픔만은 아니라는
성주괴공 우주의 소식을 듣는다.

잔인하다, 봄

봄비 그치고 햇살이 눈을 찌르는 날
마디마디 실핏줄까지 다 만들어진
어린 목숨들이 젖은 바람에도 굴러가고 있다
아니, 이유도 모른 채 끌려가고 있다

너무 많아 솎아내는 것이라고 위로하지 마라
나도 저렇게 솎임을 당해 이 자리에 섰으니
나도 그가 뽑아낸 한 그루 나무에 불과했으니

4월의 어느 날
산부인과 폐기물통에서
태풍에 목이 잘려 굴러다니는 꽃망울을 바라본다.

팽팽한 외로움

별을 기항지 삼아
우주공간을 쥐락펴락하는 바람으로
무엇이 일어나는가?

섬을 징검다리 삼아
바다를 오므렸다 펼쳤다 하는 바람으로
또
무엇이 일어나는가?

달빛이 가닥가닥 파도 속에 숨어들어
팽팽한 음악을 연주한다

부·서·진다·부서진·다·부서진·다·바위

부딪힌 만큼 깨어져 숨 헐떡이는 소리에
볼 붉은 달빛
끊어질라끊어질라끊어질라 선율

그 절절한 음악을 듣는 나

팽

팽

팽팽팽

숨이 막혀

텅 비어버린 머릿속.

꽃으로 쓰는 편지

궁금증이 실핏줄을 타고 온몸에 번지더니
참다, 참다못한 그리움은 꽃이 됩니다.

새알 몽돌을 곱게 씻어 바닥에 깔고
작은 별 아이비를 와인 잔에 꽂아
책상 위 빈자리에 놓아 드려요

곁에 있고 싶다는 말 꾹꾹 눌러
장미꽃 한 송이에 담아둡니다

하루를 열기 전 아주 조금만
꽃 훔쳐보듯 나를 생각해 보시라고.

채석강의 해식동 Seacave

나
지금
숨이 멈춰도 좋으리

연초록의 파래 사이로
투명한 생각이 자유롭게 들랑거리는 채석강의
해식절벽 아래

바라만 봐도 저절로 엔돌핀이 튀어나와
흥풀이로
풍덩 뛰어 들어가면 나도 초록으로 물들어
삶의 찌꺼기와 역사의 오류가 다 녹아
비췻빛 젤리가 될 것 같은

유월 중순 오전 10시의 채석강

잠든 아기공룡의 숨결 같은 바람
오! 태초의 언어여
거기에 오류가 있다면
낚싯대를 던지는 무채색의 마음들뿐

공룡 젖꼭지와 아기 공룡 고추꼭지와
내 20대의 꿈도 같이 화석이 되어
쓸데없이 아름다운 채석강
이 허망함에 푹 빠져.

선녀의 건망증

지리산 중턱에 가면 선녀를 보쌈해다 숨겨놓고
삼십여 년을 살아낸 간이 큰 사내가 있다

궁금한 세상을 만나기도 전에
온갖 씨앗들 손에 쥐어 주고
물소리 새소리 다 들려주며
별도 따고 달도 따다 안겨준 사내

선녀 닮은 딸 하나 사내 닮은 아들 하나
황토방 궁궐까지 옮겨다 주었더니
하늘나라로 돌아갈 것을 잊어버린 선녀

이제는 날개옷이 필요 없을까?

구례군 산동면 수락폭포보다 높은 곳
삼호휴양지농원에 가면 그 간 큰 사내
자랑스런 내 친구 이과호가 있다.

꽃 피다

놓아야 들을 수 있다
새 세상 열리는 소리

툭! 하고
꽃잎 터지는 소리에
우주가 파르르 떤다

잠깐씩 머물다 간
눈과 바람으로 하여
한세상 뛰어넘는 법을 익힌
깨달음의 몸짓이다

시동이 걸리지 않아
어부바*를 해야 했던
허름한 일생을
내려놓고 바라보니

꽃과 함께 피어나는
새 세상, 환하다.

---

* 어부바 : 견인차의 이름

헛투정

부안 가는 버스 안에서 달려온 전화는
내 꿈을 변산반도로 훌쩍 옮겨 놓는다

쑥부쟁이꽃 가득한 산허리에서 훔쳐온 가을을
하나씩 따고 있는 한밤중

취기를 핑계로 전화기에 부린 헛투정
얼마나 많은 말이 혀끝에서 맴돌았을까?

나는 안다
저 말없음표에 숨겨진 굽은 이야기와
저 한숨 속에 마주선 거센 바람을

채석강에서 칼바람을 맞아보았거나
월명암 정상에서
귓불 떼어가는 바람을 맞아본 사람은 알 것이다
숨이 턱 차올라 정신이 하나도 없는
짧지만 긴 무명의 시간을

길가에 피는 한 송이 꽃을 보아도
하늘을 나는 철새를 바라보아도

아니 저 수많은 별 하나에
한 단어씩 짝을 지어 보아도
온통 한 생각뿐인 순간들을

지치고 힘들어 맥을 놓고 싶을 때마다
달려가던 변산반도의 넓은 품을
전화기 저편에서 깊이 느껴본다.

낙화

물길이 막히더니
꽃받침이 뒤집어지고
씨방이 짓무른다
한 잎 또 한 잎
가벼워지는 우주

혈압이 오르더니
눈이 침침해지고
무릎이 꺾인다
한 근 또 한 근
무거워지는 육신

자연이 주는 유예기간
알아채지 못하고
한 겹 또 한 겹
두꺼워지는 업보.

망해사에서

바람이 세차게 불어오는 절벽에
소나무 몇 그루 가을을 지킵니다

뿌리가 뽑히고 잘려나간 소나무를 바라보며
휘어질 줄 모르고 물러설 줄 모르며
평생을 보낸 그를 탓할지 응원해야 할지

한 마디만 했더라면 저렇게
무릎 꿇고 엎어져
담쟁이넝쿨이며 기생초가 기어오르는
수모는 당하지 않았을 것입니다

이렇게 아름다운 세상에서
한생 다시 살 수 있다면
이제는 잘 살 수 있겠다고
뒤돌아보는 그녀의 푸념도 듣지 않았을 것입니다

바람이 세차게 불어오는 절벽에서
무릎 꿇고 엎어져 소리치는 소나무를 보면서
당신이 옳고 내가 틀렸습니다
그 한 마디 하지 못한 나를 바라봅니다.

봄꽃, 동정 잃는 소리

둘레둘레 둘레를 살피다가
주춤주춤 주춤거리다가
눈 꽉 감고 뽀시락

실눈 뜨고 보다가
배시시 웃다가
에라, 몰라 후다닥

햐! 좋다
봄꽃, 동정 잃는 소리.

비밀

봄?
하고 입술 오므리면
가만히 울리는 소리에 싹이 트고

다시 보옴!
하고 고개 끄덕이면
목련꽃 배시시 피어나고

우와~~보오옴~
하고 마음 움직이면
내 안에서 흐뭇하게 피어나는 동백꽃

목구멍이 훤히 보이는 목련이나
속마음 하나씩 열어 보이는 동백이나
봄 앓이 하는 모습 세세곡절 달라도

보옴~하고 입안에 머금고 있어도
향기를 머금고 있는 것 다 아는데
말하지 않고 지나가면 아무도 모를 나의 마음.

치유의 성은지

세상은 잠시 휴식 중이다

출렁거리던 하루가 빠져나가고
숲은 다시 고요 속에 잠긴다
오늘도 허기진 배를 채우기 위해
자맥질을 한 게 몇 번이더라
비늘 사이 힘살이 덤으로 단단하다

달마저 휴게실에 들어간 시간
밤새 우는 소리 허공에 가득하고
간간이 제 몫을 다하지 못한 향어들이
늦은 입질을 해댄다

아!
숲이 모아 놓은
소리
소리
소리들
그중에
나뭇잎마다 녹음 되어 튀어나오는 새소리와
가지마다 묶어 놓은 햇빛 호수에 갈무리하고
세상은 비로소 휴식에 든다.

안성 칠곡지에서

일체의 소리가 없는 자리이다.
지금
안개 낀 호수는,

무심으로 바라보다 나도 호수가 되어
저절로 선정에 든다

날카로운 자동차 불빛에 놀란
바람이 수면을 깨고
빛에 찔린 정적이
파다닥
튀어올라 새벽이 부서진다

검은 댕기머리 학이 수면에
앉았다 날아오르기를 거듭하고
해탈하지 못한 욕망들 활처럼 휘어
팽팽하게 긴장시킨다

미끼를 문 하늘이 제풀에 놀라
푸드득
몸을 푸는 아침

고요 속에 시작되는 소란함
분별의 자리가 생기는 순간이다.

항복

작년에 받아 둔 방아 씨를 화분에 뿌렸다
비를 맞더니 옴찔옴찔 싹이 나온다
작은 혀 내밀어 세상을 먹는 모양이 신비롭다

서툰 몸짓으로 세상을 장악하려 한 내가 우습다
화분에 뿌리고 물 주면 당연히 싹이 나올 줄 알았다
몇 날이 지나도 소식 없던 것이 비를 맞고 얼굴을 내민 것

그뿐인가
몽골 대초원에서 짱짱하던 라벤더
우리 집에 와서는 입맛을 잃었는지
여린 척 키만 크고 보라색도 엷어지더니
폭우를 맞고 제 색을 찾은 것

암만 기를 써도 따라갈 수 없다, 나는
속 깊은 우주의 손길 앞에서.

호랑이 아가리터의 예쁜 절

들어 보았는가
호암산虎巖山의 진북사鎭北寺

미륵불 머리에 이끼 꽃이 피어날
천년 고도 전주 문패 같은 절

노를 젓고 배를 몰아 걸음걸음 오르던 시절
그저 숲이고 그냥 들판이었을 완산벌에
진을 치고 절을 짓던 그가 꾸던 꿈

지상에서 가장 평화로운 세상을 이어가며
바위산을 턱 하니 깔고 앉아
북쪽일랑 걱정 마라 든든한 기운 펑펑 쏟는

진북터널의 오른쪽 절벽 위
호랑이 아가리터의 예쁜 절
옛 이름이 북고사라니
그동안 무심해서 참 미안하네.

아봐타

우주여행신청서에는 비전을 세우는 난이 있었고
아봐타를 설정하는 시간이 있었다

오만방자하게도 내가 선택한 것은 불치괘였다
까짓거 뭐 못 살겠느냐고 살고 오면 어쩔 거냐고
우주에 대고 큰소리 뻥뻥치고 왔던 것을 이제야 기억한 것

무수한 별을 내왕하는 사이 나의 삶은 자신만만하였고
이 여행도 당연히 그러리라
그렇게 지구로 여행 온 지 벌써 오십 년

미로를 통과하며 내 삶이 왜 이럴까?
불덩이처럼 머리를 태우다가 아하!
비전을 세우면서 했던 일이 생각났다

그때 아버지는 말씀하셨다
깨방정 떨다가 다 엎는다고
내가 설정한 생이 그러했다

이제 나의 기억이 돌아왔고
설정한 경험도 다했으니

지금 여기에서 감사하면 된다
이 게임도 내가 이겼다.

빗방울

꽃을 피우는 일이었다
한 방울 두 방울 톡톡 터뜨리면
세상은 하나둘 꽃으로 피어났고
수많은 꽃송이가 우루루 모여 길이 되었다

흐린 것들 치우고 닦아내며
바루지 못한 것들 두드리고 펴는 길

세상에 내려와 참말 잘한 일은
길을 따라가며 꽃을 피우는 일이었다

이제는
환해진 세상을 바라보며 조용히 미소 짓고
또 다른 세상을 향해 떠나는 것이다

이루지 못한 꿈이 모여 있을 신천지
변산
변산바람꽃
변산바람꽃펜션 앞에서
출렁대는 바다가 될지도 모른다.

하늘 따는 사람이 되어

땅끝 마을 구층탑에서 바다를 본다

도화 노정 보길도
골고루 펼쳐진 섬들이
도도하게 마음을 휘어잡는다

누가 여기를 땅끝이라 하는가

동서남북 상하좌우 몸만 돌려 나가면
제주도로 대마도로 중국을 거쳐
태평양 지중해로 유럽으로
세상을 향해 뻗어 나가는 희망의 문이다

맑은 날씨에 다 들켜버릴 것 같지만
사실은 다 감춰진 섬의 속살들

몸을 돌려 다시 보면 거기가 시작인 이치를 잊고 산다
처음부터 그 자리에 그대로 있는데
사람이 정한 시작과 끝

땅끝 마을 9층탑에서 툭 트인 하늘을 따 마음에 담는다.

개벽

부안에서 군산까지 직선을 긋는다.
신시도 야미도 비응도를 이어
땅따먹기 놀이다

바다를 메워 땅을 넓혀 본다
바다의 생명들을 해안선 멀리 밀어내고
땅의 생명들을 불러내어 기른다

백합 바지락 우뭇가사리
꼼지락거리는 낙지들은 어디로 밀려나
목숨 부지할 고향을 찾을 수 있을까?

순식간에 뒤집어질
삶터를 잃을까 눈 뒤집어진
저들의 몸 공양이 안쓰럽다

어기야 덩더쿵 북소리 울린다
생매장 위령제에 서해가 울먹인다

경건한 살풀이가 끝나고 나면
개벽의 새 만금萬金이 쏟아지리라.

또 다른 시작을 위하여

긴 터널을 빠져나온 빛이 환한 거기
또 다른 내 삶의 플랫폼이 보인다

출발할 때의 설렘도
지친 발걸음도 모두 지우고
기다리고 있는 또 하나의 세상

이를테면
실신할 것 같은 향일암의 향내음

끝이 보이지 않는 계단과
옆으로 몸을 돌려야 지나가는 바위 사이로
피안을 기대하며 헐레벌떡 찾아온 바닷바람을
한 자락 또 한 자락 들춰보며
다시 또 피어나는 젊은 금오도

생존을 투사하며 블랙홀을 빠져나와
이것은 어떠한지 내게 묻고는 조심스럽게 넘어가는
향일암의 저녁 해.

변화 가운데 변화하지 않는

우산을 받고 풀밭에 섰습니다
숨이 막혀 녹아버린 모습에 마음이 아픕니다
하늘의 드릴 소리가 진동을 합니다
이제 그만 구멍 뚫는 일을 멈추었으면 좋겠습니다

한때는 행운을 찾게 하는 쉼터였습니다
어떤 날은 사랑하는 사람을
어떤 날은 아프게 한 사람을 찾아내어
사랑하고 용서하고 참회하는 장소이기도 했습니다

한몸이 된 풀밭이
상처를 입고 녹아내리는 것을 보면서도
아무것도 해줄 수가 없습니다

머잖아 흔적도 없이 사라지겠지만
책갈피에는 아침이면 만난 이슬방울과
행운의 네 잎 클로버가 함께할 것입니다

우산을 때리는 빗방울이 점점 거세집니다
이제는 발을 씻을 때가 되었나 봅니다.

일어나 옆을 보니 개망초가 해맑게 피어 있습니다
클로버가 녹고 나면 자리를 채울 질경이도 보입니다
변화하는 우주 이야기가 장마 속 풀밭에 깂아 있습니다.

업고業苦, 미궁에 빠지다

한 그루 나무로 이 세상에 나와
고운 단풍 들어보지 못하고 떨어지는데도
꼭 그럴 만한 이유가 있다고

지금 내게 온 일은
나도 모르는 그때 준비해 놓은 씨로
그가 와서 밭에 뿌린 것이라고

이제 그 일을 알아차렸으니
고맙고 감사한 마음으로 오늘을 즐기면
내가 사는 세상이 낙원이 되어
웃음꽃 피어나는 온누리가 된다고

업고業苦, 미궁에 빠집니다.

입정

향기가 코끝을 지나 단전에 이르자
세상이 멈춘다

별빛이 지상에 내려오다 멈추고
바람이 따라오다 숨을 죽이고
물결도 멈추고
호수는 온통 고요 속에 묻혔다

에취~~

나뭇잎 파르르 떨다가 호수에 떨어지고
고요가 깨지고 물결이 흔들리고
바람이 다시 뛰어가고 별빛도 따라오고
향기는 날아가고 나는 세상으로 돌아오고.

툭! 미련 없다

北邙山 단풍이 곱다

지난봄 눈튼 여린 잎이 暴炎을 견디느라
힘줄 굵어지고 잎맥이 부풀었다 10월을
넘기지 못하려는가 찬바람에 붉어진 볼
조문객의 눈에 비친 꽃처럼 고운 잎새는
몸 바꾸기 전 마지막 힘을 쓰는 황홀한 몸부림이다

나뭇잎이 피고 지는 것은 變化로 보이는데
인연의 끈에 묶인 길은 生死로 보는 나

오고 가는 길을 확실히 알고 떠난다면
돌아오는 길 환하게 밝아 이 세상 다시 오기 쉬울 것을
보내기 싫은 마음 접어놓고
한 걸음 떨어져서 바라보니 생사도 거래구나!

조문길 북망산을 바라보며
우주의 눈에 비친 생사거래의 법문을 듣는다.

환지본처

법당 앞 감나무 아래에 채 익지 못한 꿈이 떨어져 있다
바람에 맞서며 얼마나 안간힘을 썼을까?
핏줄이 터지도록 용을 쓴 흔적은 붉어진 잎을 보니 알겠다

천도법문 10년에 귀가 열렸을 감나무

마지막 손을 놓고
툭!
떨어지는 순간
다시 올 것을 믿으며 미련 없이 보냈을까?

아니
마지막 손을 놓고
툭!
떨어지는 순간
다시 올 것을 믿으며 미련 없이 갔을까?

영원의 집으로 돌아가는 길
눈부시게 맑은 해탈은 제 몸을 바쳐 올리는 마지막 보시다
우주만물의 변화되는 모습을 보여주는 장엄한 법문이다.

허공꽃

꽃이 핀다
시방세계에 펼쳐질 평화와 염원의 꽃

손과 발 온몸이 붓이 되어 피워내는,
절대믿음 없이는 피워낼 수 없는,
절대균형으로만 피울 수 있는,

숨, 막히는 꽃

하!
우주가 긴장한다
평양 교예단의 저 팽팽한 긴장.

보덕암

칼로 쪼갠 것 같은 바위 사이 천 길 낭떠러지 위에다
구리쇠 하나로 버팀목을 세워놓고
외발로 서 있는 보덕암의 법력이 신통하다

얼마나 세상에서 떠나고 싶었으면 겹겹이 쌓인 산속
회를 뜨는 칼날 사이에 삼층집을 지었을까?

앞뒤 분간 없이 금강산에 재 저질러 놓고
보덕각시 보쌈 해다 굴 안에 숨겨놓고
영생을 함께하자 기도했을지도 몰라

참으로 기도터다 하신 말씀 귓가에 쟁쟁한데
보덕굴 앞에서 쇠사슬이 길을 막는다

허망한 발길을 돌리는 내게 훗날
언제든지 와서 볼 수 있을 것이라고
그날을 기다리자고 고란초 몇 포기 손을 흔든다.

장안사 터

"수억만 누누만대에~~극락세계를 이루도록 해주세요."

창타원 김보현 종사님의
기도와 함께
속에 갇힌 응어리를 풀어냅니다

임께서 머무시던 장안사는 무너져버리고
비틀어진 혈관처럼 흉터만 남아 있습니다
목이 잘린 기와 더미는 풀숲을 떠나지 못하고
산새들은 그날을 일러바치며 울먹이고 있네요

독약 같은 이념의 이데올로기 속에서 목이 꺾인 여린 꽃
한국전쟁으로 희생당한 유주무주 영가들이시여!
이제는 가슴에 남은 말 다 쏟아놓고 편히 쉬소서

쩌렁쩌렁 금강산을 울리는 저 목탁소리

울을 트고 다시 만나 따뜻한 손 맞잡으면
그리운 장안사는 다시 살아나겠지요?

돌아보고 또 돌아보고 한 번 더 보고
주춧돌 한 조각 몰래 들고 발길을 돌립니다.

2부

노상일기

노상일기·8

— 만만한 홍어와 엿장수

파리가 전을 벌인 홍원항 좌판대 위에서 푹 삭은 홍어 한 마리가 춤을 추고 있다 뭍으로 튀어나온 저 싱싱한 바다가 앗, 뜨겁다 뜨겁다 하고 바다 속의 뼈를 삭히고 있는 중이다

옆에선 뼈를 삭히고 건진 엿판 하나와 허수아비 옷을 걸친 엿장수가 가위로 허공을 자르며 어얼씨구씨구 잘 논다고 가위 장단에 맞춰 홍어와 함께 어울림마당이 질펀하다

이 바닷가, 날만 새면 승용차 한 대씩 늘려주던 株價는 이미 酒價를 메우지 못하고 천식을 앓고 있다 갈매기 날갯짓 한 번에 뭉툭 잘려 엿판으로 미끄러지는 바다, 소금기 먹은 바람은 가위에 잘려나가 모래밭에 나뒹군다

바다와 갈매기와 바람은 숨고 쫓기며 숨이 가쁜데 어얼씨구씨구 잘한다는 가위 장단에 홍어와 엿장수의 춤판만 걸판지다

어깨 들썩이는 낮달은 갈 길도 잊었나 보다.

노상일기 · 1
— 가시연꽃

사방을 둘러봐도 허방이다
어디에도 뿌리 내릴 만한 구석이 없다
머무를 곳이 없는 나
그리하여 꼭 여기에서 버텨내야 한다

잽싸게 자리를 잡은 붕어며 자라들의
솔깃한 말에도 곁눈질하지 않고
처음 정한 자리에 뿌리를 뻗는다

스스로를 믿어야 살아남는 부평초의 생존법칙을
뿌리째 흔들려 보지 않은 나무들은 죽어도 모를 것이다

몸서리치도록 예쁜
희망꽃 한 송이 피워 올리기 위해
진저리치며 볼 붉은 시를 쓰고 있는 가시연꽃.

노상일기·2
— 막장

무상 거주 계약이 끝나고
남은 돈 삼백만 원이 떨고 있다
이제 어느 곳 무녀리로 머물러야 하는가
막힌 생각을 더듬어 뜬봉샘에 오른다

혼자 넘는 가쁜 숨소리
따뜻한 손 내밀어 주는 산이 있어서
무릎 뼈를 곧추세운다

내려갈 길은 겹치고 또 겹쳤는데
올라온 길 돌아보기에는 남은 해가 짧구나
사철 마르지 않는 뜬봉샘 이야기를 달게 마시고
신발끈을 조여 맨다

이름 모를 꽃 하나하나 눈 맞추며
그래,
너희들 이름 찾아 내 마음에 심는 날
다시 시작하는 거야

하산 길에
초롱꽃 하나 눈 맞춘 발걸음이 가볍다.

노상일기·7

— 포장마차

공원 입구에 슬그머니 트럭이 와서 선다
신용불량의 가격표가 붙은 이야기를
하나씩 펼쳐 놓는다
야채를 썰고 빵 굽는 곁에 와서 바람이
또 머뭇거린다

각시거미처럼 짓고 허물어온 주소 불명의 열다섯
세월의 매듭 사이로 내민 뼛속에 숨어서
칼바람은 말하지 않아도 안다고 입을 닫는다

가랑가랑 숨 넘어가는 소리,
작아진 세상을 목울대로 쑤셔 넣는다
곱씹은 말의 심줄을 당기다가도
턱없이 환한 눈짓에 정신을 뺏긴다

외출 나온 달빛의 머플러가 목에 감긴 채 하늘거린다
길 없는 길을 천방지축 끌려다니면서
아프다는 말도 못하는 그를 눈치채지 못하고
환장하게, 환장하게
보름달이 또 공원에 길게 추파를 던진다.

노상일기·5

— 명태, 그 능청스런 독백

앞을 보면 세상이 캄캄해 곁눈질만 했습니다
어수룩한 고래 등도 쳐 먹고
상어 떼 피해가며 요령껏 살았지요

크고 둥근 눈에 혹해서 한눈을 팔다가
그만
그물에 걸려 한생을 바동거리고 삽니다

대관령 산바람에 매달려 떨기도 하고
냉동고에 갇혀 몸이 쉿덩어리가 되기도 하고
아니
누르고 밟아대는 것은 또 무슨 심보랍니까

이보소! 제발
마지막 가는 명태 한생
그냥 곱게 보내줄 수는 없겠소

아침 햇빛, 그 눈부심이랑
파도 속으로 돌아가 다시 한 번 살고 싶다는 말
안 들립니까.

노상일기 · 9

— 태풍, 다음 날

군화도 벗지 않은 발로 대여섯 놈이 달려들어
채 피지도 않은 꽃봉오리를 짓이겨대듯
붉정물에 몸을 뺏겨 자지러지는 꽃송이들
흐트러진 매무새 바로하지 못하고 넋을 놓고 있다

밤새워 퍼붓는 빗소리에
고것들 안부가 궁금하여 나가 본다
아뿔싸!
흙투성이가 되어 목 놓아 울지도 못하는 여린 것들
어쩌것냐 어쩌것냐
헛손질로 다독이다 피울음 울 수밖에

들리는가? 덕진 연못의 수문지기여
숨 참아가며 키운 키로
잠시 세상에 나왔다가 수마에 휩쓸려
채 피우지 못한 저 연꽃들의 아픈 노래를

단단히 준비했다면 피할 수 있었을 역사의 직무유기여!

노상일기·14

— 석촌 호숫가에 핀 초롱꽃

어둠보다 더 어두운 마음의 터널을 간다
두리번거려도 잡히지 않는 허공,
저편에 남아 있을 빛줄기를 찾는다

단 하나 뿌리 강한 배짱으로
지리산 밭둑에서 자리 잡고 있던 초롱꽃
열무며 배추의 틈에 끼어 무임승차로 잠실에 닿았다

잠시도 늦추지 않는 발걸음, 발걸음들
그 틈에 끼어 자세를 낮춘다

하늘을 찌르는 빌딩 숲 사이에 뽕나무밭이
지금처럼 변한 것을 다 보았다는 버짐나무 열매들이
방울방울 매달려 마른기침을 뱉는다

가야 할 곳을 정해야 하는 서툰 몸짓
석촌 호수를 휘돌아오는 바람결에
고향의 봄 냄새가 벌써 반갑다
눈동자를 부산히 움직여도 보이지 않는 틈새

잎맥 사이로 술술 빠져나가는 허기
제 할일 못하는 뿌리가 안타깝다

훈수를 구하는 손 내미는데 몸으로 알아내라 한다
자칫 뿌리가 하늘을 보게 되는 것은 아닐지
회색 하늘 뒤에 숨은 시간을 가늠할 수가 없다.

노상일기 · 15
— 홍시 못 된 수수감

도시의 높은 가지에 매달려
게슴츠레한 눈길을 받기도 하고
달콤한 시샘을 받기도 하더니
IMF 태풍에 툭 떨어져버렸다

잠실역에 신문지 깔고 소주병 따는
절망의 발길에 채여 으깨진 살점이
사방으로 튀어 먹칠하는 수수감

송파구청 청소차를 만났더라면
깔끔한 생을 마감했을
죽도 살도 못한 저 질긴 목숨.

노상일기 · 16

— 파랑주의보

바닷물이 숨 가쁘게 끌려온다.
갈매기가 부산을 떨며 날아올라 하늘을 깨우자
몰아쳐오는 바람의 고갯짓이 수상쩍다

–여기 오기까지는 한 이십 분 걸릴 터–
겸연쩍은 파도가 너스레를 떨어도
시커멓게 멍이 든 통신 두절의 수평선

세상이 궁금하여 도망쳐 나온 것 아니면
FTA투쟁을 하다 발붙이지 못한 것
여기도 살 곳이 아님을 눈치챈 전어가
뱃전으로 도망치다 숨이 멎는다

전어를 버리는 손은 사정이 없듯
부서진 배를 버리는 눈빛도 매몰차다

맑은 날 엉큼하게 부는 바람이 더 불안한 선유도
어머니의 눈빛은 파도보다 높이 흔들린다.

노상일기 · 18

— 바다로 간 빗방울은 이어도를 찾았을까

깨진 몸뚱이를 부둥켜안고 바다로 간 빗방울
무엇을 하고 있을까

뒤틀린 것들이 쌓여 배가 살살 아프더니
이제는 썩어 가는 모양이다
입만 열면 내뿜는 악취를 온갖 요설로 감춰본다

아직은 남아 있을 사용 한도를 믿고
할인 쿠폰이 붙어 있는 양주 코너로 간다

이쯤 되면 우선 악취는 면하리라
냄새 나는 오장육부에 알콜을 쏟아붓고 바다로 간다

깨어져서 바다로 온 빗방울과
썩어 가는 오장육부를 움켜쥐고 도착한 내가 하나 되어
이어도를 찾아본다.

노상일기·24

— 바람난 가을의 변명

그래요
여기 발붙이고 사는 것이 복이지요

달빛이 저렇게 눈이 시린데
바람이 귓불을 이렇게 간질이는데
온몸 달아올라 타버릴 것 같은데
어떻게 가만히 있겠어요

단풍잎은 저토록 볼이 붉은데
아다모의 목소리가 이토록 젖어드는데
당신 같으면 가만히 있겠어요

씀바귀가 꽃바람을 피우기 전에
귀뚜라미가 애타게 불러대는 밤
갈대가 은발을 풀어헤치기 전에

나, 꽃!
바람 피우는 중입니다

작은 트럭 가득 채워 가을을 싣고.

노상일기·3
— 밤, 수분리에서

맨 처음,
사랑의 마그마가 터져버린 곳에서
놓쳐버린 손등 위로
달빛이 휘청휘청 꺾이며 운다

금강으로 섬진강으로
흘러가다 만난 돌부리며 풀뿌리에 걸려도
부서지는 아픔이 이렇게 큰데
바람 맞고 눈비 맞고 태풍 몰아치는
세월을 어떻게 견뎠을까?

뜬봉샘가
꽃바람에 속지 말고 폭풍에도 버텨내자
철없던 약속이 목울대로 넘어가 뜨겁다.

노상일기·6

— 휴식

행렬 곧게 벌려 놓아도
마침표가 없으면 문장이 아닌 것처럼

하다 말다 하는 일이라도
휴업 신고 없으면 영업 중인 것처럼

참 많이도 닳아진 뼈마디
물리치료실에 누워 있어도 혹사 중인 것처럼.

노상일기 · 21
— 서신동 무지개

핑계 많고 변명 많은 꽃들이
연체카드 속으로 녹아들어간다

숱한 낱말로 바꿔 넣은 지위며 명예가
클릭 하나로 삭제되고
새로 만든 폴더에 새겨진 낯선 이름

신일상가 114호 앞
거리로 나온 초롱꽃은
지나온 발자국 돌아보기보다
여린 야자며 아디안텀 위로
사정없이 내리꽂히는 땡볕과 싸운다
이게 사랑싸움이라면 좋겠다
하고 생각할 사이도 없이
게릴라처럼 쏟아지는 소나기에
허브향이 서신동 일대에 가득하다

속없는 바람 반대쪽 무지개만 무겁다.

3부

돌아보기

중심꽃 · 108

— 파키라

한마음병원 6층에 놓인 화분이
칠팔 년 入院 일지를 꼼꼼히 적고 있다

통통하게 휘늘어진 꽃가지 앞에서
부러진 삶의 등뼈를 지고
다시 입원한 키가 더 작아진다.

보이는 것뿐인가
꺾인다 해도 숨구멍 어디든 툭툭 불거져 나와
싹이 돋고 잎 피어 줄기 튼튼한 저 푸른 고집

잡초 무성한 가슴에 슬픔 찌꺼기 모아놓고
서서히 공중분해 되어가는 파키라보다 못한 나

사람은 만물의 영장이다(?)

중심꽃 · 109

— 담쟁이

위로 오르는 법만 압니다.
힘이 부치면 잠시 딴전을 피우지요

아래를 내려다보면 참 부끄럽습니다.
땅으로 기는 법을 배웠다면 세상 살기가
이처럼 버겁지는 않았을 테지요

삶은
견디는 것이 아니라 받아들이는 것이라고
장대비가 대갈일성을 터뜨립니다

혼자 살 수 없는 목숨 값으로
죽기 아니면 살기로 숨 쉬는 나는
딴전피우며 기댈 수 있는 그대가 있어서
天上樂을 누립니다.

중심꽃 · 110
— 구슬 꽃

남색 구슬 하나씩 따면서 꿈나래를 펼쳤던 이름 모를 꽃
미운년밑씨개도 아니고 하필 며느리밑씨개라니요

줄기며 잎사귀에 다닥다닥 붙은 바늘
보석의 꿈을 뭉개는, 몰랐으면 좋았을 이름입니다

딴에는 시집살이 하는 모양새가 안쓰러워서
가시에 찔린 핑계로 쉬어 가라는
가슴 깊이 찔러둔 사랑인지 누가 압니까

집 안에 들여놓은 꽃 한 포기 날카로운 이름 지워놓고
나의 야생화 사전에는 구슬 꽃이라 올리겠습니다.

중심꽃 · 114
— 미모사

허공을 향해 촘촘히 그물을 치고 있다

세상을 향한 문에 빗장을 걸고
기웃거리는 눈길도 허락하지 않는
저 팽팽한 긴장

중심을 잡고 당당하게 서 있고 싶지만
굴절된 시선 앞에서 눈 맞추지 못하고
흔들리는 미모사

견뎌야 할 상처가 얼마나 깊으면
콧바람에도 겁을 먹고 까무러치는가

깊은 상처를 끌어안고
작은 틈도 보이지 않는 몸부림이 대견하다.

중심꽃 · 116
— 꿈꾸는 상사화

법당 앞 상사화가 발꿈치를 들고 안을 보고 있다

짊어진 짐의 무게로 엇갈린 길에서 비켜간 당신
저 안에서 길을 찾아 내게로 오고 있는지 몰라
아니, 지금 나를 알아보고 손짓하고 있는지도 몰라

걸음걸음 옮겨와 상큼했던 날을 늘여보는 상사화 따라
수선화도 목을 길게 늘이고 있다

법당 앞 상사화가 눈썹을 찡그리고 안을 굽어보고 있다

발자취 따라가면 한 발 먼저 떠나버린 그대
그때도 그랬듯이 벌써 다녀갔을지도 몰라
아니, 혼자만 아는 향기 따라 여기 와 있는지도 몰라

몇 겁인가? 길고 긴 술래잡기 그 끝을 꿈꾸는 상사화
곁에 국화꽃도 합장하고 안을 굽어보고 있다.

– 힘들어 정말 힘이 들어 걸음걸음 옮겨봅니다
닦아도 지워지지 않는 흉터와 조여도 줄어들지 않는 뱃살도 흉잡지 않으실 당신께 안겨 영겁을 뜨겁게 살고 싶었습니다. 잡힐 듯 다가가면 더욱 멀어지는 모습에 마음만 초조한데 무심한 해는 산마루에 걸려 그림자를 늘이고 있습니다
몇 생을 더 돌아야 실팍한 가슴에 안길 수 있을까요?
몇 겁을 더 닦아야 하나 될 수 있을까요?
철주의 중심으로 뿌리를 내리고 여기 서서 기다립니다 –

들었는지 못 들었는지 딴전을 피우고 있는
법신불일원상이시여!

중심꽃·117

— 마거리트(Marguerite)

빼지 못할 못 하나 박아 놓고
먼 길을 떠나더니
소꿉놀이하고 놀던 계란 꽃을 못 잊어
소복차림으로 돌아왔는가

찔레꽃 향기 따라 자박자박 걸어와
우리들 눈물길이 된 거기 서서

누나야 오빠야 손 흔들며 아는 체하는
애틋하고 청순한 젊은 넋이여

역사가 지키지 못한 목숨들이 다시 돌아와
백두에서 한라까지 살펴보고 있구나
독도에서 백령까지 지켜보고 있구나
우리 땅 한반도를 굳게 지키고 있구나.

중심꽃 · 118
— 착각

산수유 매화 라일락
꽃 피는 것 보다가

졸업식 로즈데이
꽃다발을 만들다가

저도 샘이 났을까?

쩍쩍 갈라지며
붉은 꽃봉오리 맺는 손마디.

중심꽃 · 121
— 보라보석반짝나무

보라색 구슬이 다닥다닥 붙어 있다
꾸미지 않아도 장식이 되는 앙증맞은 열매
저 예쁜 손짓에 넘어가지 마라

두어 가지 꺾어 냇물에 풀면
미꾸라지 버들치 어린 목숨들
배를 내놓고 물에 뜨는 지독한 꽃
작살을 닮아 생긴 살벌한 이름이다

새들도 가슴에 꽂고 우쭐대는
환장하게 예쁜 너 좀작살나무야

독기를 빼내라고 붙여 준
새 이름은
보라보석반짝나무다.

중심꽃 · 123
— 전술

기운차게 하루를 시작하던 라벤더(Lavender)가
오늘은 고개를 숙이고 있다

모른 체하고 하루를 넘기니
더 깊이 고개를 숙인 모습이 안쓰럽다

물을 준다
힘껏 물을 빨아올리는 모습이 경건하다

靈이 없는 라벤더도 원하는 것을 이루기 위해
저렇게 자세를 낮추는데
중심꽃을 피우기 위해 나는 무엇을 하였는가?

멀리 선거용 선전 차량이 확성기 볼륨을 높이고 있다.

중심꽃·124

— 말굽버섯

등뼈를 열어 만든 계단을
날지 못하는 것들이 올라가고 있었다

개미가 올라가고 청설모가 올라가고
남측 땅 전주에서 온 초롱꽃이
묵언으로 오르는 것을 보며

한 계단 한 계단 밟힐 때마다
온몸에 퍼지는 아픔 염불로 달래며
육신을 보시하고 있는 산벚나무

금강산에도 있고 대둔산에도 있는
거룩한 몸 공양이
하늘로 오르는 사다리가 되었다

몇 생을 공부해도 알 수 없는 길을
깊은 산속 벚나무는 알고 있었다.

중심꽃 · 126
— 공중분해

다마스가 외제차인 줄 알고 있고
외국어보다 우리말이 서툰 김 사장 댁 며느리가
예쁜 딸을 사러 일본에 갔다가 달랑 샴푸만 사 왔단다
방송인의 말이나 컴퓨터 통신의 대화방에서도
서툰 우리말이니 탓할 수 없다
늦기 전에 CD롬으로 제작해서
태극기와 함께 스위스 은행에 보관할까?

주름 속 주름으로 웃는다, 해안선을 따라 늘어선 아방궁
외국 돈으로 지은 빌딩에 아비의 잘린 허리

눈을 찌르는 무지갯빛 머리카락
제 발의 길이보다 큰 구두에
뒤뚱거리는 이 시대의 막냇동생
늘어지는 젖가슴에 겁을 먹는 새댁아

이대로 두면 부풀 대로 부풀어 터질 것 같은
아! 나의 조국.

중심꽃 · 128
— 빛바랜 이력서

상추 잎에 그려진 나비 발자국을 바라본다
변화하는 이력이 화폭에 그려져 있다

더러는 곧게 더러는 돌아서
왔던 길을 방황하는 자취가 선명하다

내가 네게로 다가가 찍어놓은 발자국은 어떠한가
내 삶의 화폭에 그려놓은 붓자국은 또 어떠한가

땀내 나는 이력이 한눈에 환하다

휘어지고 꺾여서 날아보지 못하고
출발점으로 돌아온 발자국의
빛바랜 이력이 민망하다.

중심꽃 · 131

— 분꽃

화단가에 몰려 있는 분꽃씨

언 땅을 뚫고 나와 세상을 설레게 하더니
봄눈도 이겨내고 유월 목마름도 견뎌내고
칠월장마에 팔월폭염까지 뛰어넘어
분홍빨강자주보라
천지를 환하게 물들이다가
은행잎 노랗게 익어가는 날

꽃씨를 매달아 세상을 갈무리하던 꽃

몇 개 받아 두련 하다가 까맣게 잊었는데
흰 눈 펑펑 내려 온 천지가 맑아지고
다시 녹아 화단이 드러나더니
담 밖으로 흘러나와 내 눈에 띈 것

추운 겨울 땅에 묻히지 못하고
꼼꼼한 비질을 만나면 스러질 목숨들

맞다! 지금 저 꽃씨도
새 인연의 땅을 찾아 중음中陰에 머무는 중이구나!

꽃씨는 땅을 만나 다시 꽃을 피우고
나는 다시 여기 와서 꽃을 바라보고.

중심꽃 · 132

— 죽어도 살구나무

빛처럼 환한 웃음이 지나가고
시간이 멈춘 자리에 있었다, 그것은

수많은 세월을 산자락에서 기다렸을
할퀴고 깎여서 해탈에 이르렀을 인연이었을까?

씻고 다듬어져 살포시 족두리처럼
무심히 바라보다 눈에 띄었을

풍란 한 송이 피어 있다
죽어도 살구나무
목하 입정 중

다시 극락이다.

중심꽃 · 135

— 로제트* 군단

숨 하나 이어가는 일이
얼마나 심력을 쏟아야 하는지
몽골의 대초원에 서 보면 압니다

대우주에서 별 하나 되기 위해
돌고 돌기를 멈추지 않는 지구와
지구가 도는 사이 생겨난 파장을
견뎌내는 필살의 방어

의지할 바위 하나 없는 형벌의 땅
몇 날을 달려도 끝이 없는 초원에서

해 거르지 않고 제 할일 다하는
엉겅퀴 달맞이 쑥부쟁이 패랭이
꽃
꽃
꽃들

* 로제트 : 땅바닥에 움추려들어 손을 오므리듯 오목하게 만든 다음 그 안에서 꽃을 피워 열매를 맺는다. 도저히 살아남을 수 없는 환경에서 생존하는 식물들의 생존방법이다.

알려주지 않아도
딱!
멈추고 있다가
방석처럼
짜악!
엎드려 숨죽이고 있다가

매운바람 잠시 멈추면
피우고
맺고
다시 쏘옥

눈치 빠르게 살아내는 저 재치
아름다운 세상을 만들어낼 원동력입니다
찬란한 세상을 엮어갈 살아낼 아이들의 모습입니다.

중심꽃 · 136

— 해탈

가만히 두 손 맞댄 부채 같은 잎과
투명한 실핏줄 불거진 꽃은
뇌살시키려는 여우짓이 아닌
존재를 증명하고 있는 처절한 몸짓

땅속에 숨긴 지린내로
감히 범접치 못하게 하는 것은
번식을 위한 경건한 의식이 아닌
소멸되지 않기 위한 앙큼한 술수

가르치지 않아도 터득한 자연의 총기입니다

우주의 숨 쉬기가 시작되면서
이름 하나 얻는 일이 참 어렵습니다

어?
허어!
거 참!
그렇게 뜨거운 눈으로 바라보지 마시라

세상에 온 흔적을 과감히 지워 가고 있는
광릉요강꽃.

중심꽃 · 137

— 똥낭(?)

시원찮은 사람보다 이름이 많다

똥주머니?
똥자루?
나?

꽃도 꽃이지만
연록색 주머니에 요염한 빨강 씨앗
향기 품은 꿀단지에 똥파리가 꼬여서 붙은 이름

똥낭이라 자꾸 불러 열 받게 하지 마라
우르르르 열매 터져 똥파리들 다 모일라

사람이 먹고 가축이 먹고도 남아
돛대까지 만드는 돈나무란다

5월의 꽃향기 달콤하다
천 리를 간다 하여 천리향
아니 만 리를 간다 하여 만리향.

중심꽃 · 139
— 공중뿌리

이 아름다운 우주에서
오직 사람만이 거꾸로 가는 길을 안다

오늘은 또 누가
스스로 목숨의 끈을 놓으려 하는가
상대의 숨을 멈추게 하려 하는가

나무만도 못한 생각을 떨쳐버리자
깃털같이 가벼워지는 마음

낙우송 발치의 기암괴석
살아남기 위한 몸짓이 눈물겹다

뿌리가 하늘을 보면 죽는다?
깃털 같은 말에 반사된 날갯짓이 경쾌하다.

되살려 제 모양 찾기·21

— 어떤 동백꽃

얼마나 그리웠으면 핏줄이 터져버렸을까?
얼마나 보고 싶었으면 눈이 짓물러버렸을까?
그리움이 목젖까지 차올라 참지 못하고 무너져버린 표준시

피가 솟구쳐 눈이 튀어나올 것 같았다고
밤 열두 시에 나타나 응석을 부린다

앞이 어두워서 잠시 눈길을 거둔 사이
뇌수술 후유증에 굳어버린 손으로
나뭇잎 조각 전시회를 구상하고 있었단다

"좀 찔리면 어때요? 장미가시인데……"

무심히 내뱉는 말이지만
시를 안 쓰는 나는 아프다

새벽 네 시 눈 내리는 서신동
190센티 서른다섯 살 거목에 동백꽃 살포시 핀다.

되살려 제 모양 찾기·24

— 바람 들다, 봄

또 한 고비가 넘어가는가?

촘촘한 살 틈새를 비집고 바람이 들었다
팽팽하던 계절이 힘겨루기를 하는 사이
질기고 거칠어진 세포들이 새싹으로 변했다

내게도 바람이 들었다

꽁꽁 얼어 숨이 멈출 것 같더니
숭숭 뚫린 살 틈새로 네가 보인다

화사한 네 생각으로 가득 차 있는 사이
본래의 나를 밀어내고 네가 들어온 것이다

무에 바람이 든 것은 이제 봄이 온다는 소식이다
내게 바람이 든 것은 새 천지가 열린다는 것이다

그렇다
내게로 온 바람은 봄,
이제 나는 봄이다.

되살려 제 모양 찾기·25

— 재뜸에서

듣자하니

성문 안에 들지 못한 목숨들
저잣거리에도 속하지 못한 목숨들
밀리고 밀려 고갯마루까지 왔을 터

귀퉁이 조금 막아 둥지를 틀었을
그러다
하나
둘
늘어났을 움막들

건너편 바구멀에 학교가 들어서고
뒤편 서살미에 아파트가 들어서고
고사평에서 전룡까지 새 터로 바뀌는데

저 아래 청수코빼기에도 학교가 들어서고
당산모팅이 돌아들어 감나무골까지
아따! 거참 눈 돌아가게 높아지는데

뒷배 없이 장고개 주막에 모여앉아
애꿎은 탁배기만 들이켰을 재뜸에도
새 세상 새 바람 불어 문화꽃을 피운다네

쓰고 그리고 노래 부를
환쟁이 글쟁이 풍각쟁이 모여들어
어절씨구 둥기당당

재뜸에도 온다 하네
문화마을 된다 하네.

되살려 제 모양 찾기·30

— 완두콩

순덕이네 식당에 가면
완두콩 어린 싹이 연초록의 손을 내민다

미처
팔리지 못해 꾹꾹 다져진 슬픔들이 튕겨져 나와
긴 숨을 토하고 세상을 끌어안는다

썩어서 버려졌을 목숨 한 되

그녀의 손끝에서 모질게 살아난 생명이
장맛비 속에서 춤춘다

누가 멀쩡한 육신으로 손을 놓고 있는가?
누가 가만히 앉아 대박을 꿈꾸는가?

쟁반 위에 앉아
그녀의 눈짓만큼이나 예쁜 완두콩 여린 싹이
스러져가는 이 나라 경제에 일침을 놓는다.

4부

지당리 스케치

지당리 스케치·1

— 고향

정말 꿈이 날아가 버렸을까

새가슴 콩콩 치던 풋사랑도 산화되었을까
기다림에 핏발 선 바람만 고갯마루를 흔들고
뉴스에 나오는 귀향길의 표정에 유린당한 애향심
내 고향 지당리가 색깔 변한 앨범 속으로 들어가 버렸을까

아니! 아니다, 절대 아니다

마을이 생기기 전부터 자리를 지켜온 바우거리
아름드리 정자나무 그늘 아래서
실팍하게 코고는 소리 지금도 들린다
잉어들이 춤추던 지당방죽 장구잠자리 따라 어린 꿈이 커가고
거미줄 감아 꿈을 잡아주던 오빠들의 땀 냄새 속에 스며든 예쁜 정
세상사에 엉켜 헝클어진 머리를 감당하지 못할 때
마음은 벌써 요천강변에 가 있다
천렵하며 부르시던 아버지의 눈물 젖은 두만강이 귓가에 생생한데

닳고 닳은 돌 위에 앉아 더는 갈 곳 없어 흔들리는 나를
강물에 실어 보낸다
이루어진 꿈과 잃어버린 꿈들
하나하나 떠오르게 하는 수덕봉 위의 아침 해
금지 주생 수지 송동 담을 터주던 정오의 사이렌 소리
동지 밑 미륵불 위로 해가 지면 팔만 어머니랑 춘애 어머니의
저녁 비손이 시작되고 반딧불이 따라서 퍼지는 기도문
올 한 해도 별탈없이 재수 보게 해 주십사
물동이에 바가지 엎어놓고 둥두당당 둥기당당
초가을의 싱그러운 밤공기를 맞으며 바우거리에 모여
사랑을 가꾸고 나를 세우고 너를 다듬고 우리를 키워준

전라북도 남원군 주생면 지당리
우주를 정갈히 밝히는 젖줄
빛바랜 앨범에서 다시 살아나
영원을 꿈꾸는 고향으로 남으라.

지당리 스케치·2
— 어머니

고갯마루에 들어서니 들깨며 탱자나무가 먼저 반긴다
한 굽이 돌아 들어가는 길목에 홍화며 배추들이 또 반긴다
돈들막에서 나풀나풀 자라는 푸성귀들은
육 남매보다 더 다정하게 들어 준 76년의 서사시

천지가 법당인 남원군 주생면 지당리 193번지

블랙홀에 뛰어들어 혼돈의 시간을 제패하고
저승의 문턱에서 돌려받은 아버지의 손발이 되어
평생을 살아낸 산부처
걸음마다 삐걱거리는
뼈의 소리를 듣는 땅이 비명을 지른다

똑같은 이정표를 향해 달려가는 운명 같은 새끼들
고개 넘어 돌아가는 뒷모습 늘여 보려는 발걸음은
민달팽이 길을 찾듯 더듬더듬 걷는다.

지당리 스케치·3
— 꽃바람

지당 강변에서 울리는 정오를 알리는 사이렌 소리는
금지, 주생, 수지, 송동면 경계를 허물고

자운영 흐드러진 보리밭 위 구름 한 점 없는 하늘
종달새는 춘흥을 비벼비벼 들판에 뿌려대고

앞집 언니가 서울에서 담아 온 바람
미니스커트에 팔랑이는 꽃바람

둑 너머 요천강에서 들려오는 휘파람 소리에
심호흡 깊게 하는 지당리 언니들

어쩌자고 태봉의 밤꽃들은 요천수를 건너오나.

지당리 스케치·4
— 고목

화장터 굴뚝 같은 연기를 뿜어내며 기차는 지나가고
곰삭은 세월을 이식받은 고목에서
툭!
잎이 떨어진다.

엄마다

강석굴 양반이 세상을 떠 부렀다 구레 아짐도 떠났어 오늘 동네 쌍초상이 났다 어쩌냐 엄마가 전화 안 허먼 너는 전화도 안 허제 엄마는 별일이 몇 재주했다 그런게 아니고오 수술을 헌댔다 안 헌댔다 짐을 풀었다 쌌다 한바탕 난리가 나부렀다 병원에 갔드니 허리 첫 번째 뼈가 삭았단다 생각해 보니 너 뱃속에 있을 적에 밤에는 송동서 자고 낮에는 지당서 살았는디 시한에 요천수 건너다 얼음판에 넘어져 가꼬 허리를 다쳤는디 니 아부지 화내까 무서서 말도 못 허고 지당에 갔드니 느그 할머이가 삼을 삼으라고 헌걸 아파서 못 삼고 느그 큰어머이가 야단을 치고 그래도 아프다먼 혼날 것 같에서 말도 못 허고 얼매를 살았는디 그거이 탈이 난 모양이다. 그 새 사십 년이 안 되 냐? 병원에서 의사가 젊은 사람은 수술혀도 되는디 노인들은 석 달에 한 번씩 수술을 혀야 된다고 아파도 그냥 전디래 그럼서 뭔 검사를 십칠만 원 주고 혔는디 테레비전에 초록색 빨강색 막 나오고 골다공증도 있대

근디 그게 뭐시냐?

수화기로 전해지는 노래
앞이 안 보여 눈을 감고
그렁개이
그렁개이
차마 훌쩍이지도 못하고 떨리는 꽃잎만 뜯고 있다.

지당리 스케치·8

— 흔들리는 등불

장승제 구경을 하고 나서 옛 생각에 빠져든다

하루 몫을 다한 산놀이 홍풀이로
제 빛깔 뽐내고 스러지려 하는 시각
어린 날이 살아서 꼬물꼬물 기어온다

아버지!
오냐 어쩐 일이냐?
나 장승 만들어 주세요.
안 돼! 기운이 없어 못해~
機械를 사 드리면 되나요?
야야 눈이 어두워 도장도 못 파~
그럼 붓글씨 써 주세요.
손이 떨려 못 써~

심심풀이로 만들어주던
주먹만 한 팽이, 살 고운 방패연,
지지껍데기로 깎아 만든 배, 소나무로 만든 신랑각시
고장 난 시계, 라디오, 티브이, 떨어진 돌쩌귀, 깨진 장독 뚜껑

손만 닿으면 목숨 훨훨 살려내던, 그 힘이 없어 못한단다

세상은 어둠을 밝히려 전등을 켰는데
아버지의 전등은 어디가 헐어서 자꾸 희미해지는 것일까

오래 묵은 유월 어느 날,
푸른 산 되찾아 주는 값으로 붙박힌 젊음
그리하여
더욱 붉어진 두 팔로 새로운 우주를 창조해내신
그 등불이 흔들리고 있다.

지당리 스케치·10
— 학춤

마당에 들어서니 어머니의 왼발이 허공을 차내고 있다
느리게 아주 느리게 시간이 끌려가고 있다

녹이 슬어 움직이지 못하는 초침에 겹쳐
강낭콩이 줄을 맞춰 누워 있다

굴절된 꿈을 찾아 바로잡고 계시는가
아버지와의 50년을 뒤적이고 계시는가

녹슨 초침을 향해 강낭콩이 튀어가다 멈춘 자리
정지된 화면처럼 어머니의 오른발은 또 허공에 떠 있다

극락마당 가운데서 성스러운 학이 되어 춤을 추고 있다.

지당리 스케치·11
— 동부

힘들기도 했겠지
지난해 달아나던 바람과 햇살 끌어안고
고것들 빠져나갈까 봐 안간힘을 쓰느라
속도 탔을 것이다

끓는 물에 담그자 뜨거운 김을 뿜으며
어머니의 향기가 방안에 퍼진다

터드랑* 꼭꼭 파서 넣어 놓은 동부가
봄바람 들고 장맛비 이겨내며 자색 꽃을 피우더니
조랑조랑 꼬투리가 맺혔다고
한 잎 또 한 잎 일기를 쓰듯
따 모은 소식을 말려 보낸 어머니의 한 해가
떼구르르 굴러 나온다.

– 내가 모쓰제이 느가부지 볼일본 거 치우고 나면
이렇게 부애가 나서 훌훌 뛰겄어 –
전화선을 타고 묻어나왔던 붉은 목소리
그럴 때마다 뛰쳐나와 호미로 파고 묻어 놓았을
– 임금님 귀는 당나귀 귀 –

---

* 터드랑 : 집 안에 있는 작은 텃밭

물들지 못한 은행잎이 무서리에 뚝뚝 지는 밤
찬바람 피해 끓인 물속에서 동부 잎이 토하는 동영상
혈압약 냄새며 글루코사민 냄새를 방안에 가득 풀어놓는다.

보름달이 지키고 있을 아버지의 병상이 같이 보인다.

지당리 스케치·13
— 약손

여름나기로 짓물러 칭얼대는 층층밭
이제는 괜찮다고 쎄에쎄에 쓰다듬는 햇살

고실고실 굳어가는 상처 사이로
지구가 품은 씨앗들
헤벌쭉!
익고 있다
가을볕에 하늘 목숨 이어가고 있다

헛발질에 무릎 다쳐 울어본 게 언제더라
붉은 빗금 그어진 상처 호호 불어 달래놓고
곶감 하나 쥐어주던 어머니의 손길

뒤적뒤적
짓무른 상처마다 바람 치고 햇살 품어
고들고들 가을이 익어가고 있다

내려앉아 치유하는 손길이 바쁘다
마르지 않는 축복의 힘으로.

지당리 스케치·14
— 싸랑부리 꽃

며칠을 앓고 난 후
아버지는 들판의 싸랑부리를 무쳐 달라 하셨다

목이 퉁퉁 부어 물도 넘기지 못할 때는
쌉쌀한 맛이 전신에 돌아 입맛을 찾아준다고
어린 숟가락에도 얹어 주셨다

쌉쌀하다는 것은 참을 수 있을 만큼 쓰다는 것
내 삶에 쌉쌀한 아픔은 얼마나 있었을까?

머리가 불덩이처럼 타오르고 하늘이 노래져도
온몸 기댈 수 있는 울타리가 있어 겁 없던 시절

오늘도 지천에 흐드러지게 고개 내민 싸랑부리 꽃
어서 가자 한다
하던 일 멈추고 지금 그대로

물도 넘기지 못하는 아버지가 기다리는 그곳으로.

지당리 스케치 · 16
— 우리 아버지 회춘하시겠다

툇마루에 걸터앉자 살 풀리는 소리 보인다

더러는 두드리고 더러는 주물러
굳었던 살 풀리는 소리
막혔던 혈맥 터지는 소리

부황을 뜨는지 안마를 하는지
우루루룽 고주파 전기까지 흐르고 나면
후우 하고 깊은 숨 몰아쉬며 가슴 트이는 소리
가라앉았던 마음 살아나는 푸른 소리

여름방학이 되면 툇마루에 걸터앉아 듣던
대지大池*가 흔들리며 살아나는 소리

한바탕 걸판지게 소나기 내린다
부황컵 마당에 가득하다
햐!
우리 아버지 회춘하시겠다.

---

* 대지大池 : 나의 고향 마을

지당리 스케치·18
— 그네

한때는 장인匠人이었습니다

이 세상에
존재하지 않는 것들을 불러내어 목숨 넣어주시고
잠자고 있는 것들을 깨워 제 몫을 다하게 하는
조물주이셨습니다. 아버지는

맑은 날이 지나가고
태풍 무이파가 장대비 퍼부어 마당을 장악한
오늘 아침
아버지 밥상에서는 밥알이 그네를 탑니다

흔들흔들
숟가락 그네에서 밥알이
통통 튀고 있습니다
철없이
까르르 수선스레 뛰어다닙니다.

지당리 스케치·19

— 2012년 9월 13일의 아버지

바람에 날려 보내는 중이시다

숨과 살 조금씩 덜어서
우주로 보내는 중이시다
지금 아버지는,

발목 하나 다리 하나
그리고 또 다리 하나
엉덩이 허리 등짝까지 얇게 저며
순서대로 하나씩 보내는 중이시다
내게 주고 남은 뼈 모아두었다가
내가 먹고 남은 살 남겨두었다가

이만하면 되었다고
마음 놓고 돌려보내는 중이시다

그래도 나는 보낼 수가 없다
그 고통이 아무리 커도
아직은……
아직은……

엉덩이의 포를 뜨고
등짝의 포를 떠도
나는 조금도 아프지 않다
나 아플 때 아버지는 그렇게 아파하셨는데
나는 조금도
나는 아주 조금도 아프지 않다.

지당리 스케치·21

— 안개꽃 물 올리기

물길 따라 물 마시는 소리
아기의 젖 빠는 소리
우주가 힘쓰는 소리

간호사실 옆방에서 아버지
마지막 숨 끌어 올리는 소리.

지당리 스케치·22
— 물속 자르기

시든 장미 줄기를 물속에서 자르는 뜻은
기포를 몰아내고 새 힘을 얻으라는 것인데

하이고!
막힌 혈관을 뚫을 수가 없네

조금만 잘라내도 물길이 열리는데
산소를 넣어도 눈 뜨지 않네

싱싱해진 꽃잎 위로 팽팽해진 아버지 웃고 있네

눈이 아프게 푸른 하늘이
텅
비어 있네.

지당리 스케치·23
— 천도

깨끗합니다

나뭇잎 하나 날아오르지 않는 하늘
아버지 마음 놓고 다니시겠습니다

이쪽 일 다 맡겨놓고 훨훨
미련도 없이 다니실 수 있겠습니다

그날처럼 맑은 하늘은
슬픔도 머물 곳이 있어야 존재한다는 것을 알려줍니다

아주 깨끗합니다.

시와 진정성, 삶에 대한 세계인식

– 윤현순의 꽃과 삶과 언어

이운룡
(시인, 전라북도문학관 관장)

오랜만에 윤현순 시인의 시를 만나보게 되었다. 2003년에 읽었던 두 권의 시집 『중심꽃』과 『되살려 제 모양 찾기』의 평설을 썼던 필자의 기억에 남아 있는 것은 그의 열띤 창작의욕과 사물 인식, 충만한 감각적 성향이었다. 그리고 촉망되는 시인으로서 기대가 컸다.

그 뒤 눈 깜짝할 사이에 10년이 흘러가고 말았다. 그 동안 그는 시 발표가 뜸하였던지라 혹시 '시를 포기한 게 아닐까?' 하는 의구심이 없지 않았는데, 며칠 전 시집 원고를 들고 문학관 사무실로 찾아왔지 않겠는가. 우선 궁금한 것은 '그의 시가 얼마나 달라졌을까' 였다. 아니나 다를까 조심스럽게 시 평설을 부탁하는 것이었다. 그런데 나는 지인들에게 앞으로는 절대로 평설을 쓰지 않겠다고 선언한 이후 2년도 채 안 된 상태였다. 이를 어쩌나? 앞이 캄캄해지고 정신이 아찔했다. 그와의 인연 또한 무시할 수 없기 때문에 완고하게 거절할 수도 없는 형편이라 나의 건강이 어떻든 받아들일 수밖에 없었다. 영리한 그는 필자의 심정을 꿰뚫고 있었던지라 시집 원고 뭉치에서 미리 대표적인 시 15편을 골라가지고 와 내밀어주는 것이었다. 그런 배려와 예의와 성의가 정말 고마웠다.

작품들은 이전의 시집에 수록된 시들과는 많이 변해 있었다. 그에게 있어서 '변했다.' 는 말은 감각을 뛰어넘어 더욱 세련되어 있고 성숙해졌다는 뜻이다. 십 년이면 강산도 변한다는 말이 그를 두고 하는 말 같았다. 사회 통념상 '저 사람, 많이 변했다.' 고 말하면 좋은 뜻으로 변했다기보다는 그 반대 개념으로 받아들이는 경향이 보편화된 인간사회다. 그러나 어떤 시인의 시를 가리켜 '저 사람의 시가 많이 변했다.' 고 말한다면 좋은 뜻으로서 '발전했다.' 고 수용하는 경향이 일반적인 반응이다. 윤현순 시인의 시작품 역시 변모했고 발전했다. 한마디로 성숙하고 듬직한 모습을 갖추고 있었다. 그의 첫 시집 『중심꽃』과 두 번째 시집 『되살려 제 모양 찾기』에서 필자가 쓴 시 평설을 읽어보면 그 당시에도 언어의 짜임새나 품새가 좋았고 상당한 수준이었음을 재확인할 수 있다. 아래의 인용문은 이전에 상재한 두 권의 시집 평설이다. 되짚어 상기해보자.

(1) 「중심꽃」의 '중심' 개념은 동양사상에서 '중용'의 미덕에서도 찾아볼 수 있고, 하늘·땅·사람[天地人] 중 하늘에 해당하는 우주 공간과 그 물리법칙에서도 찾아볼 수 있다.

그처럼 윤현순의 중심사상은 곧 윤리와 도덕의 중간적 에너지요 삶에 있어서 존재의 근원에 가 닿고 있다. 따라서 단순한 안목으로 평가할 수 있는 미의식을 넘어 깊은 사유의 세계로 향하는 근원정신이라고 해도 지나친 말이 아닐 것이다.

–『중심꽃』 평설 중에서

(2) 윤현순 시인은 황금 대신 꽃의 빛깔과 향기를 지니고 있다. 그렇게 인생을 꽃처럼, 시처럼 사는 사람이다. 그는 꽃과 삶, 시와 사물과의 의미 있는 접촉을 통하여 가열된 정서 반응이라는 미적 제스처를 처음부터 지금까지 보여왔다.

그래서 시의 구조미는 서정의 탄력을 받아 신축성이 있다. 그럼에도 서정시의 기본 틀에서 조금도 벗어나거나 왜곡되어 있지 않다. 그런 사실 때문에 시인과 서정적 자아가 따로따로 분리되어 있지 않고 일치된 모습을 보여준다.

–『되살려 제 모양 찾기』 평설 중에서

위의 인용문 「중심꽃」의 '중심' 개념은 그로부터 파생된 낱말이 많기도 하다. 우선 몇 가지만 들춰보면 중심국, 중심부, 중심선, 중심가, 중심 내용 등이 있고, 그 의미 역시 중요하고 기본이 되는 부분, 기준이 되는 문제나 지점, 사물이나 일정한 장소의 가장 가운데가 되는 곳 등 여러 가지 용례가 있음을 감안하면 윤현순 시인의 '중심꽃' 은 꽃묶음 구성과는 또 다른 상징성을 내포하고 있다는 것을 시의 한 특징으로 이해할 수 있다. 이러한 중심본위의 사상을 그는 예나 지금이나 윤리적 관점에서 파악하고 있으며, 우주적 감각으로 승화시키고 있다는 것을 직감할 수 있다. 15세기 훈민정음 창제 당시 한글 자모 중 모음인 아래아(·)는 하늘을 본뜬 글자이다. 하늘이 둥글다는 개념에서 차용한 글자인 것이다. 마찬가지로 윤현순 시인의 중심 개념이나 중심 사상은 그러한 내포 심상과 일치되고 있음을 발견하게 된다.

『되살려 제 모양 찾기』에서는 꽃의 빛깔이나 향기를 삶의 빛깔과 향기로 대유하여 존재와 사물의 본질을 파악하고 파괴된 윤리의 복원, 또는 인간의 근원적 존재 회귀에 대한 성찰을 제시하고 있다.

그러면 이제 윤현순 시인은 감각적 현상을 뛰어넘어 세상의 삶과 사건과 만상 만물에 깊이 천착해 있되 그의 사유의 대상이나 세계인식이 아주 성숙해 있다는 점에 주목하여 그의 시를 살펴보기로 하자. 아마 관조의 태도와 언어 형상의 성숙은 그의 시가 내재하고 있는 가장 의미 있는 변화요 구심요체가 아닐까 싶다. 그럼에도 그는 아직 멀었다고 겸손해 한다. 사람 사는 일이 쉽지 않듯이 그에게도 한때의 시련이 없지 않았던 터라 시에 대한 자아 반성의 기운이 남달랐을 것이라는 점은 능히 짐작할 만하다.

그는 삶의 질곡 속에서 꽃을 떠나거나 꽃을 버리고 살 수 없는 시인이다. 꽃이 삶이고 꽃이 시이다. 바꿔 말하면 삶이 꽃이고 시가 꽃이다. 이렇게 생각하든 저렇게 생각하든 윤현순 시인에게 있어서 꽃과 시는 분리할 수 없는 상관물이고 동일성 결합의 요체인 것이다. 까닭에 그의 시 모티프가 된 '중심꽃'은 우연히 찾아온 발상이 아니었음을 암시받게 된다. 삶의 중심을 관통하고 있는 이미지가 꽃의 실체이고, 시의 중심에 그의 꽃이 사시사철 만발하여 상상력의 기재가 되고 있기 때문이다. 그런 의미에서 그는 가장 행복한 시인이라고 말할 수 있을는지도 모른다.

그런데 시라는 것은 행복과 기쁨 속에 있는 것이 아니라 불행과 고통을 대변하고 불행과 고통을 정화시키는 구실을 한다는 점에 시가 존재해야 할 의미와 가치가 있고 언어예술로서의 본질이 있다. 여기서 행과 불행, 기쁨과 고통 사이에 시의 존재 가치에 대한 모순 논리가 동반하게 된다. 성聖과 속俗이 공존하는 것과 같은 아이러니인 것이다. 시인들은 행복감을 체험하면서 시를 쓰기보다는 불행과 고통 속에 시가 있음을 잘 알고 있다. 그러면서도 시를 쓴다. 이 또한 모순이 아니겠는가. 그러므로 궁극에 있어서 시라는 것은 불행과 고통을 희망으로 승화시켜 독자의 마음을 위로하고 정화시켜주는 데 그 효용성이 있다고 하겠다.

그래서 시인은 기도와 자기희생 대신 불행과 고통을 통하여 희망의 메신저로서 성자가 될 수 있는 것이다. 그런 의미에서 생각해볼 때 불행과 고통은 시인의 운명이나 마찬가지일 것이다. 그렇다 할지라도 윤현순 시인, 그는 시적 운명을 극복한 행복한 시인임에 틀림없다. 왜냐하면 일평생 꽃과 더불어 사는 시인, 꽃이 삶의 전부이고 꽃이 시이며 시가 꽃인 시인, 그가 바로 윤현순 시인이기 때문이다.

그러나 이제 그에게 있어서 꽃의 의미와 가치는 삶에 있어서, 또는 시에 있어서 극복의 대상은 될지라도 찬양의 대상, 찬미의 대상은 아니라는 데 그의 시의 변화와 발전의 패턴이 되고 있다는 점을 주의 깊게 살펴보아야 한다. 여기에 그의 성숙된 시정신과 언어가 오롯이 자리를 잡고 있기 때문이다. 그러면 그의 시에 대한 변화와 성숙된 언어 형상이 어떤 모습을 띠고 있는지 살펴보자.

시 「눈물샘에서 퍼 올린 노래」는 꽃과 기쁨, 삶과 행복의 원형적 리얼리티를 극복한 시의 일면을 잘 보여주고 있다.

목이 메어 노래를 부를 수가 없었습니다

(중략)

가을이 벌써 지나갑니다
다시 사랑하는 봄이 올 것인데
봄을 반기는 마음보다
머잖아 닥칠 겨울이 먼저 떠올라
주춤거리게 만듭니다

이렇게 고백을 하면서
내 눈은 또 퉁퉁 부어 밖을 나설 수가 없겠지만
나만의 노래가 아닌 이 나라 민초들이
한 세대를 살아내면서 겪는 아픔이기에
부끄러운 마음 한 풀 접고 세상에 선을 보입니다

새로운 꿈이 피어날 세상!
이제는 아름다운 세상입니다.

—「눈물샘에서 퍼 올린 노래」 중에서

시인에게는 영혼의 샘에 시가 가득 고여 있어도 시를 퍼 올리지 못하고 있다. 노래조차 부를 수 없다. 온몸에는 이 시대의 흉터가 무성하다. 기다리던 가을도 쉽사리 지나가버리고 금방 닥쳐올 겨울이 무섭고 두렵다. 이처럼 「눈물샘에서 퍼 올린 노래」는 이 시대가 감내하고 넘어야 할 불행과 시련에 관한 비극적 상황의식으로 점철되어 있다. 그러나 시적 화자는 '새로운 꿈이 피어날 세상' 이 도래할 것을 믿는다. 새로운 세상은 분명 아름다울 것이라고 예감하고 있다. 세상이 어떻든 간에 자연은 무심하지 않으므로 반드시 봄은 올 터이고, 오는 봄엔 시도 노래도 함께 찾아오고 따뜻할 것이기 때문이다. 윤현순 시인은 그러한 봄을 눈물로써 퍼 올리며 노래한다. 봄은 다가올 미래의 희망인 것이다.

하지만 현실의 벽은 높고 세상은 각박하다. 살아내기가 어렵다. 노상에서 하루의 노동을 팔고 사는 인생에게는 더 없이 괴롭고 힘든 나날이다, 그 얼마나 고된 시련이겠는가. 그의 시 「노상일기」 연작시편은 추상적인 상상을 넘어 그 자신 기억하기조차 끔찍한 현실적 불행을 리얼하게 제시함으로써 가슴을 심히 아프게 때린다. 이와 같은 연장선에서 시의 리듬과 절제, 수사법과 현실시각, 그리고 언어의 조형성이 깔끔하고 깨끗하게 정제된 아래의 시를 보자.

(1) 행렬 곧게 벌려놓아도
마침표가 없으면 문장이 아닌 것처럼

하다 말다 하는 일이라도
휴업 신고 없으면 영업 중인 것처럼
참 많이도 닳아진 뼈마디
물리치료실에 누워 있어도 혹사 중인 것처럼.

—「노상일기·6 — 휴식」 전문

(2) 파리가 전을 벌인 홍원항 좌판대 위에서 푹 삭은 홍어 한 마리가 춤을 추고 있다 뭍으로 튀어나온 저 저 싱싱한 바다가 앗, 뜨겁다 뜨겁다 하고 바다 속의 뼈를 삭히고 있는 중이다

옆에선 뼈를 삭히고 건진 엿판 하나와 허수아비 옷을 걸친 엿장수가 가위로 허공을 자르며 어얼씨구씨구 잘 논다고 가위 장단에 맞춰 홍어와 함께 어울림마당이 질펀하다

이 바닷가, 날만 새면 승용차 한 대씩 늘여주던 株價는 이미 酒價를 메우지 못하고 천식을 앓고 있다 갈매기 날갯짓 한 번에 뭉툭 잘려 엿판으로 미끄러지는 바다, 소금 먹은 바람은 가위에 잘려나가 모래밭에 나뒹군다

바다와 갈매기와 바람은 숨고 쫓기며 숨이 가쁜데 어얼씨구씨구 잘 한다는 가위 장단에 홍어와 엿장수의 춤판만 걸판지다

어깨 들썩이는 낮달은 갈 길도 잊었나 보다.

—「노상일기·8 — 만만한 홍어와 엿장수」 전문

그의 이 계통의 시들은 이처럼 현실의 예각을 잘 보여주고 있다. 그러니까 시쳇말로 존재 이유에 대한 반항적 고발, 아니면 부조리한 삶과 정면으로 맞서 싸우면서 속울음 삼키며 슬픔을 참아내는 자조적 항변을 토로하고 있는 것이다. 그런 비참한 사회현실에서 민초들이 극복하고 나아가야 할 맹점을 이 시보다 더 진솔하게 표현하기는 쉬운 일이 아닐 것이다. 「노상일기 ·21 — 서신동 무지개」에서도 모순과 부조리한 현실상황이 치열하게 전개되어 시적 화자의 속 쓰림을 더욱 들쑤시고 있다.

핑계 많고 변명 많은 꽃들이
연체카드 속으로 녹아들어간다

(중략)

신일상가 114호 앞
거리로 나온 초롱꽃은
지나온 발자국 돌아보기보다
여린 야자며 아디안텀 위로
사정없이 내리꽂히는 땡볕과 싸운다
이게 사랑싸움이라면 좋겠다
이런 생각할 사이도 없이

게릴라처럼 쏟아지는 소나기에
허브향이 서신동 일대에 가득하다

속없는 바람 반대쪽 무지개만 무겁다.

—「노상일기·21 — 서신동 무지개」 중에서

이들 연작시 「노상일기」는 6, 70년대의 사회적 결핍과 다름없는 현실상황을 보여주고 있다. 이미 지나간 시대의 어두운 현실이었지만 자본주의 경제체제의 불균형은 예나 지금이나 다름없는 것이고 산업화의 진보 여하에 따라서는 앞으로 더 심화될지도 모르는 일이다. 자본의 극대화, 또는 대기업체들의 가치의식과 민초들의 삶과는 하늘과 땅의 차이처럼 멀고도 험난할 것이고, 동시에 원치 않는 자본의 이질적 악성 요소가 삶의 구석구석을 지배할는지도 모른다. 그러나 본질은 변질되지 않는다. 사람은 사람이고 짐승은 짐승인 이상 사람의 본질 역시 차별성이 없다는 과학적 진실을 믿고 살 수밖에 없을 것이다. 다만 가진 자와 못 가진 자와의 차이만 있을 뿐이다.

이 시는 이러한 메시지를 삶의 반성적 패턴으로 제시하면서 자본의 극대화와 산업사회의 장단점을 시적 감수성으로 표현하고 있기 때문에 시문학의 원론적 절대시보다는 사회적 현실상황 시로서 다시 한 번 이 시대를 돌이켜 생각해보아도 좋은 시이다. 왜냐하면 시라는 것은 부와 빈, 행과 불행, 긍정과 부정의 대칭면에서 빈과 불행과 부정에 의해 진실과 희망의 메시지를 암시받기 때문이다. 그는 이러한 시적 진실을 절실히 깨닫고 있다.

윤현순 시인은 그의 현실감각을 통하여 깨달은 시적 진실의 대상을 다시 꽃의 이미지로 표상하는 변화를 보여주기 시작했다. 꽃은 그의 시를 주도하고 있는 가장 중요한 사물이며 시정신의 근간을 이루는 대상이다. 따라서 시적 상상력과 형상화 과정에서의 필수 요건인 언어의 함축성과 절제미의 성공 역시 이 계통의 사물시에 의해 더욱 선명하게 드러나 있음을 우리는 과거에 펴낸 시집을 통하여 충분히 감지한 바 있다. 시 「빗방울」은 그 좋은 보기가 된다.

꽃을 피우는 일이었다

한 방울 두 방울 톡톡 터뜨리면
세상은 하나둘 꽃으로 피어났고
수많은 꽃송이가 우루루 모여 길이 되었다

흐린 것들 치우고 닦아내며
바르지 못한 것들 두드리고 펴는 길

세상에 내려와 참말 잘한 일은
길을 따라가며 꽃을 피우는 일이었다

이제는
환해진 세상을 바라보며 조용히 미소 짓고
또 다른 세상을 향해 떠나는 것이다

이루지 못한 꿈이 모여 있을 신천지
변산
변산바람꽃
변산바람꽃펜션 앞에서
출렁대는 바다가 될지도 모른다.

—「빗방울」 전문

'빗방울'을 의인화한 시이다. 이러한 은유 형태의 시로서 또는 함축적인 의미와 표상 이미지로서 독자에게 주는 암시 효과는 시의 언어 표현에 있어서 가장 중요하고도 어려운 문제다. 그의 섬세한 직관력과 언어 감각이 돋보이는 가운데 자연의 순환질서에 의해 내리는 빗방울이지만 생명의 근원으로서의 존재 의미와 가치를 아름답게 표상한 그의 대표시라 해도 무난하게 받아들일 만한 작품이다.

이 시의 지문은 이렇다. 빗방울은 꽃을 피게 한다. 피어난 꽃송이들은 세상의 길이 된다. 흐린 것을 맑게 정화시키고 구겨진 것을 반듯하게 펴준다. 빗방울은 환해진 세상 곧 신천지를 보고 만족해 한다. 그런 다음 빗방울은 시냇물과 섞여 강이 되고 바다가 된다. 이것이 빗방울이 꿈꾸는 궁극적인 목적이고 희망이고 빗방울이 존재해야 할 이유이며 그 가치와 의미인 것이다. 아름다운 시이다. 사물과 시적 화자와의 심리적 거리가 일치되어 가슴을 파고드는 따뜻한 시이다. 언어의 절제미, 함축성이 농밀하다. 대상에 핍진하여 대상의 본질을 파악하는 시정신과 감수성은 이러한 언어 표상에 의하여 성공을 거둘 수 있다. 더불어 시의 진수를 느끼게 한다.

앞의 시 이외에도 「꽃으로 쓰는 편지」, 「선녀의 건망증」, 「잔인하다, 봄」, 「중심꽃·24 – 말굽버섯」, 그리고 연작시 「지당리 스케치」 2·14·19·21의 시들 역시 수준 높은 상상력과 형상성을 보여주는 그의 대표적인 시들이다.

그러면 이제 시 「지당리 스케치·19」, 「지당리 스케치·21」을 살펴보면서 윤현순 시인의 관심과 집중이 어떤 무엇인가를 엿보기로 하자.

시의 배경이 된 지당리는 그의 고향인 남원군 주생면에 위치한 마을 이름이다. 고향에 관한 추억과 향수는 누구나 느끼지 않을 수 없는 인간 본연의 심리다. 그게 인간과 뭇 생명체의 귀향의지 본능이기 때문이다.

바람에 날려 보내는 중이시다
숨과 살 조금씩 덜어서
우주로 보내는 중이시다
지금 아버지는,

발목 하나 다리 하나
그리고 또 다리 하나
엉덩이 허리 등짝까지 얇게 저며
순서대로 하나씩 보내는 중이시다
내게 주고 남은 뼈 모아두었다가
내가 먹고 남은 살 남겨두었다가

이만하면 되었다고
마음 놓고 돌려보내는 중이시다

그래도 나는 보낼 수가 없다
그 고통이 아무리 커도
아직은……
아직은……

엉덩이의 포를 뜨고
등짝의 포를 떠도
나는 조금도 아프지 않다
나 아플 때 아버지는 그렇게 아파하셨는데
나는 아주 조금도 아프지 않다.

—「지당리 스케치·19 — 2012년 9월 13일의 아버지」 전문

옛날부터 시인들이 노래한 사모곡은 많다. 하지만 사부곡은 보기 드물다. 그런데 윤현순 시인은 지당리 회상을 통해 가슴 절절히 사부곡을 노래하고 있다. 아버지의 죽음 앞에서 울부짖는 혈육, 그리고 부녀 간의 천륜에 관한

윤리의식 등이 가정 파괴의 비정한 현실에서 지하세계에까지 울릴 대종이 되는 시이다. 죽는다는 것은 어떤 생명체가 이 세상에서 사라진다는 사실이다. 나로 말하면 나의 근원 자체가 사라지는 것이다. 모든 생령은 근원에서 발생하여 나로 이어지고 또 후대로 역사를 이어간다.

그런 관계로 하여 윤현순 시인은 아버지의 고통이 얼마나 큰 것인가를 뼈저리게 느끼고 있다. 그럼에도 자기는 아프지 않다고 한다. 이것은 역설이다. 아버지는 지금 '숨과 살 조금씩 덜어서/우주로 보내는 중' 인데, 그리고 '나 아플 때 아버지는 그렇게 아파하셨는데/…/나는 조금도/나는 아주 조금도 아프지 않다.' 고 노래하고 있다. 이것은 역설적인 변명이다. 아버지의 사랑이 위대하였음을 돋보이게 하는 화자의 의도적인 표현이라고 볼 수 있다.

「지당리 스케치·21－안개꽃 물 올리기」 역시 병상의 아버지에 관한 시이다. '물길 따라 물 마시는 소리/아기의 젖 빠는 소리//간호사실 옆방에서 아버지/마지막 숨 끌어 올리는 소리.' 를 병상 곁에서 보고 듣고 있는 딸자식의 가슴은 얼마나 아팠을까. 시인은 영안으로 보이지 않는 사물을 볼 줄 아는 사람이고 들리지 않는 소리를 듣는다. 세상의 모든 것을 마음으로 보고 듣고 느끼기 때문이다. 이것이 감수성에 의한 시적 진실의 특징이다. 윤현순 시인은 안개꽃이 물 올리는 소리를 듣고 있다. 신령한 현상이다. 그렇듯이 화자는 지금 아버지의 고통이 나의 고통으로 전이되는 숨찬 소리와 함께하고 있다. 아버지의 고통이 나의 고통인 것이다.

윤현순 시인은 이제 자기 목소리를 뽑아낼 줄 아는 개성미를 획득, 그만큼 발전하였고 성숙되었다. 사물과 현상계의 감각적 정서에서 사유의 내면세계로 진입하여 인간중심의 휴머니즘에 대한 천착, 소외된 자의 삶과 고통에 대한 자의식, 사회현실의 관심사에 대한 발언 등을 명쾌하게 해명하고 형상화하고 있다.

시는 삶의 진정성을 표상하는 언어예술이라는 원칙을 확실히 이해하고 있는 시인, 인간을 사랑하고, 삶을 사랑하고, 시와 꽃을 사랑하는 시인, 그래서 존재의 내면 풍경을 아름답게 그려내는 시인, 그가 바로 문학정신으로 당당하게 무장하고 등장한 오늘의 윤현순 시인이다. 건필과 문운 대통을 빈다.

윤현순 시집

노 상 일 기

■
초판인쇄 2013년 11월 15일
초판발행 2013년 11월 20일

■
지 은 이 윤 현 순
펴 낸 이 서 정 환
펴 낸 곳 신아출판사

■
출판등록 제465-1984-000004호
주 소 전주시 완산구 공북1길 16(태평동)
전 화 (063) 275-4000, 252-5633
팩 스 (063) 274-3131
e-mail sina321@hanmail.net, shina321@chol.com

값 9,000원

ISBN 979-11-5605-020-9 03810

이 도서의 국립중앙도서관 출판시도서목록(CIP)은 서지정보유통지원시스템 홈페이지(http://seoji.nl.go.kr)와 국가자료공동목록시스템(http://www.nl.go.kr/kolisnet)에서 이용하실 수 있습니다.(CIP제어번호: CIP2013022567)

* 이 책의 발간비 일부는 전라북도 문예진흥기금의 지원을 받았습니다.